LA PHILOSOPHIE DE LA PAIX

BIBLIOTHÈQUE PACIFISTE INTERNATIONALE

LA
PHILOSOPHIE
DE LA PAIX

PAR

Th. RUYSSEN

Maître de Conférences de philosophie à l'Université d'Aix-Marseille

PARIS (5e)

V. GIARD & E. BRIÈRE

LIBRAIRES-ÉDITEURS

16, RUE SOUFFLOT, ET 12, RUE TOULLIER

1904

LA PHILOSOPHIE DE LA PAIX

Que la guerre soit un mal, c'est ce qui ne fait de doute pour personne, et je ne m'attarderai pas à la démonstration de ce truisme. Mais ce mal n'est-il pas la condition d'un plus grand bien, ou tout au moins le remède d'un mal pire? N'est-il pas, à ce titre, inévitable, indispensable à la vie des nations, comme la douleur est, au dire de certains physiologistes, indispensable à la vie des organismes? N'est-elle pas, comme la douleur encore, rémunératrice d'énergie physique et de valeur morale? Sur ces problèmes l'accord est loin d'être fait, et la matière en est si vaste que je n'ai pas, dans les limites de cet essai, la prétention d'apporter une solution qui lève toutes les difficultés. Je voudrais au contraire circonvenir le débat, le dégager de considérations vaines ou secondaires dont on a coutume de le compliquer, et délimiter le terrain sur lequel il est, à mon sens, utile de porter la discussion entre adversaires et partisans de la guerre. En un mot, c'est moins la « Philosophie de la paix » que je voudrais traiter ici, que la méthode qu'il convient de suivre quand on aborde un problème d'une aussi redoutable complexité. Il n'y a, sans méthode, ni science ni philosophie, et la sociologie de la guerre, qui est encore à créer tout entière, ne saurait se dispenser de définir son objet et de faire le compte des moyens dont elle dispose pour l'étudier sous tous ses aspects.

★
★ ★

Je ne m'attarderais pas à critiquer ce qu'on pourrait appeler la méthode théologique, si elle n'avait été illustrée par les brillants paradoxes d'un Joseph de Maistre. Mais convient-il même d'appeler « méthode » ce qui n'est en fond, qu'aveu d'impuissance et refus d'explication ? Car si l'auteur des *Soirées de Saint-Pétersbourg* tient la guerre pour « divine », ce n'est point qu'il reconnaisse dès l'abord dans ses horreurs l'œuvre d'une Providence juste et bienveillante ; c'est en guise de preuve accessoire qu'il remarque que la guerre est « divine dans la gloire mystérieuse qui l'environne, dans l'attrait non moins inexpliqué qui nous y porte..., dans la protection accordée aux plus grands capitaines, même aux plus hasardeux...., et divine dans ses résultats qui échappent absolument aux spéculations de la raison humaine... »(1). Au fond, la guerre l'étonne et le scandalise, comme toute l' « espèce de rage... qui arme tous les êtres *in mutua funera* » (2). Elle lui semble une « horrible énigme » contraire à la nature de l'homme. Mais c'est précisément ce caractère énigmatique, cette inexplicable folie de la guerre qui amène Joseph de Maistre à affirmer *a priori* l'impossibilité de toute explication naturelle. Comment, se demande-t-il, résoudre en raison ces antinomies : l'homme hait le meurtre et cependant le plus doux, en face de l'ennemi, « s'enflamme par degrés et en viendra jusqu'à l'enthousiasme du carnage » (3). Le soldat est partout une menace intérieure pour la liberté et le bien-être des nations : et cependant, les nations les plus jalouses de leurs libertés, qui

(1) *Soirées de Saint-Pétersbourg.* 15ᵉ éd. 2 vol. in-8, Lyon et Tours, 1884. Septième *Soirée*, t. II, p. 34-35.
(2) P. 28.
(3) P. 22.

jettent avec horreur au bourreau le prix du sang,
accordent sans compter aux hommes de guerre les
honneurs et les privilèges et les entourent d'un respect
religieux (1). Comment expliquer pareil aveuglement,
s'il n'était vraiment une « fureur divine » (2) ; si la
guerre n'était un acte du drame expiatoire qui se joue
sur la terre et qui doit anéantir peu à peu une création
corrompue dans ses premières origines? « Ainsi
s'accomplit sans cesse, depuis le ciron jusqu'à l'homme,
la grande loi de destruction violente des êtres vivants.
La terre entière, continuellement imbibée de sang,
n'est qu'un autel immense où tout ce qui vit doit être
immolé sans fin, sans mesure, sans relâche, jusqu'à la
consommation des choses, jusqu'à l'extinction du mal,
jusqu'à la mort de la mort » (3).

Ainsi la guerre est divine, non parce qu'elle est
bienfaisante, mais parce que la tragique épouvante des
batailles nous oblige à en chercher la raison d'être, au-
delà de l'ordre naturel des causes et des effets, dans le
« Gouvernement temporel de la Providence ». Seul un
Dieu a pu frapper d'une peine aussi formidable la

(1) P. 12.
(2) P. 31.
(3) P. 32.

faute d'Adam, — le Jehovah impitoyable à qui le Psalmiste adresse cette prière sauvage : « Répands ta colère sur les nations qui ne te connaissent pas et sur les royaumes qui n'invoquent point ton nom... Et rends à nos voisins, en leur sein, sept fois au double l'outrage qu'ils t'ont fait, ô Eternel ! » (1)

Ainsi, faute de pouvoir expliquer la guerre, Joseph de Maistre nous renvoie au dogme du péché originel, c'est-à-dire au « mystère » (2), et l'on comprendra que j'évite de discuter une thèse qui se dérobe méthodiquement derrière l'autorité d'un article de foi. Il n'est pas douteux, d'ailleurs, que le dogme de la chute originelle ne trouve dans la monstruosité et dans la continuité de la guerre une saisissante application, et l'on ne peut nier la sombre grandeur de ce pessimisme qui étend à toute la descendance l'aveuglement criminel dû à la faute de l'Ancêtre. Mais cette conception même, isolée du corps de doctrine dont elle est une pièce intégrante, se présente comme un symbole qui échappe à la discussion, comme à la démonstration, et l'on comprendra que je ne n'entreprenne point ici d'examiner les principes de la théodicée judéo-chré-

---

(1) *Psaume* LXXIX, 6-12.
(2) Deuxième *Soirée*, t. I, p. 73.

tienne. Qu'il me suffise de signaler, après tant
d'autres, l'étrange contraste du Dieu de la tradition
biblique et de celui de l'Evangile : l'un implacable
justicier, calculateur rigoureux des compensations
exigées par son équité, l'autre père miséricordieux qui
pardonne à toute une ville corrompue pour l'amour
d'un seul juste ; le premier accablant lui-même d'une
grêle de pierres les Amorrhéens déjà battus par
Israël (1), l'autre interdisant au disciple de tirer l'épée
du fourreau ; le premier, « Dieu des armées », le
second, « Prince de la paix ». Au reste, ces deux
conceptions opposées se développent et parfois s'entre-
mêlent étrangement à travers toute l'histoire de la
pensée chrétienne. S'il a plu à Joseph de Maistre de
préférer la première et d'expliquer le scandale de la
guerre par une conception scandaleuse de la Providence, ce n'est pas à nous qu'il convient de lui en
demander compte.

⁎⁎⁎

Je n'insisterai pas plus longuement sur le genre
d'argumentation qui consiste à faire appel au sentiment.

(1) Josué, X, 10-11.

Bon nombre d'apologistes de la paix se plaisent à faire revivre les horreurs du combat, et les douceurs de la concorde ; et l'on ne peut dire que cette méthode soit mauvaise en soi. Il est opportun de l'employer dans une conférence populaire ou dans une classe d'école primaire. On ne saurait trop se lasser de faire entendre à un auditoire que l'âge ou la culture laisse encore accessible aux émotions violentes, tant de pages éloquentes, récits de batailles, scènes d'ambulances, tableaux de pillage et d'incendie, où un Vigny, un Hugo, un Tolstoï, un Dunant ou un Veretschaguine ont écrit leur pitié ou leur effroi. Le malheur est que ce genre d'argumentation ne peut créer qu'une disposition superficielle et passagère. Un frisson d'horreur ne suffit pas à établir une conviction, car il rencontre au fond des consciences un tréfond de dispositions contradictoires naturelles ou artificielles. « All healthy men like fighting, and like the sense of danger », dit Ruskin ; « all brave women like to hear of their fighting, and of their facing danger » (1). Et le fait est que, chez les enfants surtout, —quel enfant n'a joué au soldat ?— les

_____

(1) « Tout homme sain se plaît au combat et a la sensation du danger ; toute femme de cœur aime à entendre raconter ce combat et à savoir comment l'homme a bravé ce danger » (*War.* § 10, dans : *Crown of wild Olive*).

tableaux violents excitent moins d'épouvante que de respect admiratif pour les acteurs et d'envie pour les témoins. En outre, l'éducation a déposé chez la plupart de nos contemporains la superstition du courage militaire. Les cours d'histoire qui se professent dans nos écoles primaires et secondaires n'exaltent guère d'autre forme d'héroïsme ; Jeanne d'Arc, Turenne, d'Assas, Barat, sont, par un privilège aussi injuste qu'explicable, les types nationaux à peu près exclusifs de la valeur et du patriotisme. A es prédispositions sentimentales, il est utile, sans doute, d'opposer d'autres sentiments plus équitables et plus réfléchis, l'admiration des vertus domestiques et de l'héroïsme civique. Mais il est plus facile d'énoncer ce vœu que de réaliser, par cette méthode, l'éducation pacifique des esprits. La psychologie des sentiments est encore à faire presque tout entière et l'éducation du cœur par le livre ou l'enseignement oral est sans doute le chapitre le plus obscur de toute la pédagogie. Faire appel au sentiment est bien ; ne compter que sur l'émotion pour convertir un adversaire ou réchauffer un tiède serait pure utopie.

* *
* *

Il est, en revanche, plus facile de réformer une idée fausse que de corriger un tempérament, et c'est principalement à l'éducation des intelligences que doivent s'attacher les apôtres de l'idée pacifique. Il n'est pas vain, d'ailleurs, d'espérer qu'une forte éducation intellectuelle peut réagir à son tour sur la sensibilité. Mais encore convient-il de faire un choix parmi les arguments purement rationnels que les philosophes, les sociologues et les économistes ont multipliés contre la guerre. Un rapide examen nous montrera qu'ils sont loin d'être tous également décisifs.

Que penser, tout d'abord, de l'argument utilitaire ? A première vue il n'en est pas de plus fort. Puisque, en effet, la plupart des guerres sont engagées en vue d'un intérêt, — économique, politique, religieux, — n'est-il pas nécessaire et suffisant de démontrer qu'elles ont été le plus souvent une « mauvaise affaire » ? La liste serait longue des guerres qui ont mal fini pour l'agresseur et des victoires qui ont épuisé le vainqueur. Telles sont les victoires d'Alexandre et d'Annibal, de Philippe II et de Napoléon même. Inversement certaines guerres malheureuses sont devenues pour les vaincus, des sources inattendues de progrès. C'est ainsi que l'échéc colossal des croisades a ouvert à la civilisation orientale les portes du monde

chrétien. Les guerres d'Italie, désastréuses pour nos
armées, ont hâté en France l'éclosion de la Renais-
sance ; la guerre de Trente Ans a donné à l'Europe la
paix religieuse ; Valmy et Jemmapes ont ouvert l'Allemagne à la Révolution ; et l'on ne peut nier que la
France a puisé, dans l'effroyable « Débâcle » de 1870-
71, une énergie nouvelle qui lui a permis, en trente
ans, de reconquérir ses libertés politiques, de rétablir
son crédit politique dans le monde, de quadrupler son
empire colonial, de multiplier les écoles et les institu-
tions sociales.

Mais qu'on ne s'y trompe pas. Autre chose est, pour
l'historien, de démêler au milieu de maux incalculables, certaines conséquences heureuses des guerres
d'autrefois, autre chose pour l'homme d'Etat d'évaluer
les profits et les pertes probables d'un conflit imminent.
S'il nous est aisé, grâce à la perspective des années,
d'estimer le bilan des guerres passées, ce bilan est précisément ce que les témoins, et à plus forte raison les
instigateurs des guerres, sont le moins en état d'évaluer. Les exemples que l'on vient de lire viennent
justement à l'appui de cette vérité que les conséquences, heureuses ou fâcheuses, des guerres sont presque
toujours beaucoup en deçà ou au delà de l'attente de
leurs auteurs responsables. Le génie quasi-divinateur

de Napoléon n'a prévu ni la retraite de Russie, ni Waterloo, ni Sainte-Hélène. A quelles incommensurables déceptions ne sont pas exposées les nations dont le sort repose entre les mains d'un Charles XII, — ou d'un maréchal Lebœuf !

Au reste, « intérêt, grandeur, prospérité, richesse » d'un peuple, ne sont-ce pas là des mots dont se paient les historiens? Il n'en est pas un, je pense, qui conteste que de Sadowa et du traité de Francfort datent la « prospérité » et la « grandeur » de l'Allemagne contemporaine. Et sans doute les statisticiens nous diront, à quelques millions près, l'emploi des 5 milliards ; ils traceront la courbe ascendante du commerce extérieur de l'Allemagne. Mais, en regard, mettront ils le déchet matériel et moral, les milliards gaspillés en forteresses et en cuirassés, la politique brutale des trente dernières années, le déclin du libéralisme? Et surtout nous diront-ils jamais en quoi le progrès du commerce et de l'industrie est précisément et exclusivement dû aux victoires de 1866 et de 1870, bien plutôt qu'au génie laborieux et patient des ingénieurs et des négociants qui, sans coup férir, ont envahi les marchés roumains, turcs ou argentins ? D'où l'on peut conclure que des « bienfaits » de la guerre il est à peu près impossible de dresser le compte exact après coup, et chimérique

de prévoir les conséquences avant la première bataille.
Dans ces grands bouleversements, il y a toujours à
perdre, mais aussi à gagner, même pour les vaincus.
L'utilité d'une guerre reste donc, pour les nations
comme pour les individus, un point d'interrogation.
C'est, comme un coup de Bourse, comme une ascen-
sion périlleuse, un risque à courir ; or il est quelque-
fois avantageux et toujours tentant de courir un risque.

On en pourrait dire autant de l'argument, si frappant
d'ailleurs, tiré de l'énormité scandaleuse des dépenses
improductives nécessaires à la paix armée. Nombre
d'économistes voient dans les grands armements une
source de salaires qu'il serait difficile de remplacer
avant de longues années de crise, et un stimulant de la
production industrielle. C'est ainsi que nous devons la
bicyclette à l'invention des aciers résistants et légers
nécessaires aux grands cuirassés ; la marine mar-
chande a bénéficié de l'invention des moteurs à grande
vitesse créés pour les besoins de la marine de guerre.
L'aérostation militaire n'a pas peu contribué aux découvertes récentes des aéronautes ; et bien d'autres
exemples pourraient être cités, qui prouvent que l'argument d'utilité n'est, à tout prendre, qu'une approxi-
mation.

*
* *

Cet argument écarté, toutes les discussions sur la guerre peuvent se ramener à deux points de vue : celui du *fait* et celui du *droit*. Le premier a été surtout adopté par les évolutionnistes ; le second relève de la morale, et c'est le kantisme qui en a donné la formule la plus satisfaisante.

L'évolutionnisme conduit le philosophe à se demander si, *en fait*, la marche naturelle des sociétés humaines ne les amène pas de l'état dispersé, condition de tous les conflits guerriers, à l'état organique, qui supprime les compétitions en absorbant les groupements de faible étendue dans une unité supérieure. L'humanité, dit Spencer, passe nécessairement du militarisme, caractérisé par la coopération obligatoire des citoyens, à l'industrialisme, qui est pacifique par définition, et fondé sur la coopération volontaire ; elle évolue, de la concurrence destructive entre groupes extérieurs les uns aux autres, à la concurrence féconde entre agents producteurs au sein d'une même humanité. L'extrême différenciation, qui mettra en valeur les facultés individuelles, aura pour réciproque l'extrême intégration, qui ne laissera plus subsister face

à face d'éléments sociaux, hostiles et impénétrables. Les facteurs anti-sociaux s'accommoderont au milieu ou s'élimineront d'eux-mêmes, et la criminalité internationale disparaitra en vertu des mêmes lois que la criminalité individuelle.

Pour trouver la confirmation expérimentale de cette théorie, il suffit, semble-t-il, de jeter les yeux autour de soi.

Faits sociaux d'abord. N'est-il pas évident que la civilisation différencie les individus en développant à l'extrême chez chacun d'eux des virtualités qui restaient endormies chez l'homme primitif ? Dans une horde sauvage les ressemblances entre individus éclipsent presque totalement les différences, tandis que deux Français du xx⁰ siècle, habitant la même région, la même ville, la même maison, peuvent être profondément séparés par les croyances, les opinions, le degré de culture, la profession, pour ne rien dire des préjugés de mode. En revanche, la civilisation identifie les groupes. Les deux Français dont nous parlons ont oublié les querelles qui divisaient leurs ancêtres bretons ou normands, lorrains ou bourguignons ; et ce nivellement des particularités provinciales s'accentue d'autant plus que l'individu appartient à des classes plus cultivées. Dépassons les frontières. D'un bout à l'autre de l'Europe, nous rencontrons, dans une bourgeoisie de plus en plus nombreuse, mêmes mœurs, mêmes modes, mêmes formes d'art. Une catégorie d'individus, restreinte il est vrai, mais dont la prépondérance ne cesse de s'accentuer, élabore une science absolument internationale. La religion et la philosophie peuvent diviser des compatriotes, de proches parents même, et les mettre moralement d'accord avec des étrangers. Le Dieu des philosophes et des chrétiens est réellement hors de l'espace. « Son royaume n'est pas de ce monde » : c'est dire qu'il ignore les distinctions territoriales, et c'est pourquoi il a cessé d'armer le bras séculier des maîtres de la terre. Il n'est pas jusqu'à la législation qui ne tende à dépasser les frontières politiques. Non seulement la loi unifie partout les codes provinciaux, les coutumes locales, mais le droit civil, pour ne rien dire du régime politique, de tous les pays, tend visiblement à l'unité. Le fait est plus frappant encore en matière de législation commerciale et ouvrière ; une véritable émulation semble pousser tous les états d'Europe ainsi que les Républiques américaines et océaniennes, à régler dans un même sens les rapports du travail et du capital. En d'autres termes, les nations modernes, sans entente préalable et sans contrainte extérieure, par le seul effet d'une ambiance commune

créée par la civilisation, tendent à s'assimiler à un type
uniforme ; elles évoluent vers l'unité, vers la paix.

Plus topiques encore, les faits économiques fortifient
cette tendance et assurent mécaniquement au mouve-
ment une direction invariable. Les vers de Vigny :

> Le monde est rétréci par notre expérience,
> Et l'univers n'est plus qu'un cercle trop étroit.

exprimaient déjà il y a cinquante ans cette vérité, devenue banale, que l'outillage moderne rapproche les
individus. Il accélère tout d'abord la circulation des
personnes, et, par là, il faut entendre bien moins les
voyages d'agrément que les énormes déplacements
d'émigrants ou de travailleurs qui, chaque année, par
centaines de milliers d'hommes, abandonnent leur patrie sans espoir de retour. Au moyen âge, il était presque impossible à un ouvrier de trouver du travail hors
du lieu où il était né. Aujourd'hui des Italiens creusent
les tranchées du Transsibérien, et des montagnards
basques s'engagent dans les fermes de la République
Argentine. Ainsi s'accroît le nombre des hommes dont
la patrie ne suffit ni à leurs plaisirs ni à leurs besoins.

Au reste, ceux qui demeurent ne se passent guère
plus du travail des autres nations. L'Angleterre, en

1850, produisait à peu près tout son blé. Elle importe aujourd'hui 84 % de celui qu'elle consomme ; son bétail ne lui suffit que pour les 2/3. Au total, elle n'arriverait à se nourrir elle-même que pendant 91 jours par an. A la France seule, elle achète chaque année un milliard de marchandises, et ne lui vend que pour 500 millions. En revanche, la France reçoit d'Angleterre plus de la moitié de son charbon, une partie de sa fonte, de ses machines et de ses navires.

Cet exemple de l'interdépendance croissante qui rend les nations solidaires est d'autant plus frappant qu'il concerne des pays de très ancienne civilisation qu'on aurait pu croire plus rebelles aux transformations économiques. Mais si l'on considère les pays de culture plus récente, dans lesquels la spécialisation agricole ou industrielle a été dès l'abord poussée à l'extrême, on rencontre des cas plus typiques encore. La jeune République de Cuba ne produit guère que du tabac et du sucre ; mais sa production sucrière, qu'il sera possible de quintupler, suffit, dès aujourd'hui à plus des deux tiers de la consommation du monde entier. En revanche, elle attend d'Europe et d'Amérique tous les capitaux et tout l'outillage nécessaires à l'exploitation de ses incalculables richesses. De 1893 à 1903, l'Afrique australe a porté la valeur de ses achats à l'Europe et à l'Amérique de 346 500 000 francs à 1 220 millions ; sa puissance d'achat était ainsi, en 10 ans, quasi quadruplée ; mais, en même temps, la production de l'or du Transvaal est devenue l'un des éléments les plus importants de l'équilibre des bourses européennes. Ainsi le nombre croît tous les jours des régions qui ne se suffisent plus à elles-mêmes et dont la production est indispensable à un marché sans cesse accru. Et l'on conçoit que la guerre, avec les perturbations violentes qu'elle jette dans le jeu normal de l'offre et de la demande, semble aux évolutionnistes appelée à s'éliminer spontanément d'une société mondiale, consciente de l'universelle solidarité de ses intérêts (1).

Aussi bien ces faits, pour matériels qu'ils sont, n'en ont pas moins un retentissement profond sur la vie morale des hommes civilisés ; car avec les richesses, plus vite même, grâce à l'électricité, les idées circulent. Notre horizon moral s'est depuis un demi-siècle prodigieusement élargi. Le journal quotidien apporte presque gratuitement aux moins curieux des lecteurs

(1) On trouvera d'autres exemples de solidarité économique dans le livre de M. J. Novicow, *la Fédération de l'Europe*, in-12, Paris, 1900.

une revue des événements accomplis la veille dans le monde entier. Combien notre sensibilité eût été moins secouée par les événements récents de l'Afrique du Sud ou de l'Extrême-Orient, si des voiliers nous en avaient apporté l'écho avec trois mois de retard !

Nous avons dit déjà que la science et l'art ne connaissent point de frontières. Ajoutons maintenant que le nombre croît des hommes auxquels la pensée et l'effort créateur d'un certain nombre d'étrangers sont devenus un aliment indispensable. Au moyen-âge, les ouvrages de théologie et de science, encore qu'ils fussent écrits dans une langue intelligible à tous les lettrés, n'intéressaient qu'un nombre infime de moines et de clercs. Au xviiᵉ même, le *Discours de la Méthode*, dut être traduit en latin pour pénétrer dans les milieux savants, et texte ou traduction ne furent guère lus que des philosophes. Aujourd'hui, l'immense majorité des littérateurs et des savants écrivent dans leur propre langue ; le danois, le russe, le hongrois et le japonais sont devenus des idiomes scientifiques, au même titre que le français, l'anglais ou l'allemand. Et cependant jamais les hommes qui pensent ne se sont tenus mieux aux courants des idées hors de leur pays. Les savants n'écrivent plus et ne lisent guère le latin, mais presque tous sont en état de lire les ouvrages de langue étran-

gère qui intéressent leur spécialité. Au reste, la vulga-
risation des découvertes et des inventions se réalise avec
une extraordinaire rapidité grâce à certains périodiques
spéciaux fort bien rédigés en toute langue, grâce
même à la presse quotidienne qui multiplie les chro-
niques étrangères et les articles scientifiques. Les noms
de Pasteur, de Nansen, de Rœntgen, de Mme Curie
sont populaires dans tout le monde civilisé.

Mais il y a plus ; ce n'est pas seulement la curiosité,
c'est le goût artistique et littéraire qui s'est plus large-
ment ouvert aux manifestations du génie étranger. Et
le fait est d'autant plus frappant, que l'art échappe, par
définition, à l'internationalisme propre à la vérité
scientifique et qu'il porte toujours le cachet d'une
époque et d'un milieu. Quoi de plus différent qu'une
toile symbolique de Burne Jones ou qu'un « plein-air »
de Corot ? Quel n'est pas le contraste entre Wagner et
Gounod, Ibsen et Brieux, Kipling et Bourget,
d'Annunzio et Zola ! Il n'est pas rare cependant que les
mêmes amateurs et les mêmes lecteurs se sentent, à
quelque degré, accessibles à des formes d'art aussi di-
verses. Il n'est pas douteux, d'ailleurs, que le goût
public, à s'élargir ainsi, ne risque de perdre en pureté
ce qu'il gagne en étendue ; et l'on conçoit que MM. Bru-
netière, Lemaître et Doumic se soient alarmés du

déclin manifeste du caractère national des littératures. Mais, fâcheux ou non, le fait est acquis en faveur de l'évolutionnisme : chaque jour diminue le nombre des hommes qui n'attendent que du génie propre à leur race l'aliment de leur intelligence et de leur sensibilité.

On est en droit, dès lors, de se demander si la mentalité nationale elle-même n'a pas été profondément altérée par la formation d'une mentalité internationale, si le patriotisme peut coexister intact avec le sentiment de l'étroite solidarité morale des hommes de toute langue et de toute race. Mais, en vérité, comment s'étonner que le sentiment national ait évolué, alors que, de tous les sentiments sociaux, il n'en est pas un peut-être qui ait subi, dans l'histoire, de plus profondes transformations. Nous le trouvons religieux d'abord, civique plus tard ; ethnique ici, politique ailleurs ; fédératif par endroit, d'autres fois centralisateur. L'étrange serait, au contraire, que ce sentiment, variable dans le passé, dût précisément se fixer et se cristalliser dans la forme qu'il revêt aujourd'hui dans un nombre plus ou moins restreint de consciences. Les républiques italiennes se sont haïes au moyen-âge plus que la France et l'Angleterre au xiv⁰ siècle ; l'Allemagne ne s'est éveillée qu'en 1815 au sentiment de son unité morale. Dès aujourd'hui, le patriotisme national, si vivace pourtant dans les princi-

paux pays d'Europe, s'associe à un sentiment plus
compréhensif. Depuis peu d'années, on a vu, en pré-
sence des grands drames qui ont ensanglanté certains
points du monde, Arménie, Transvaal, Macédoine, se
constituer une « opinion du monde civilisé », avec la-
quelle les hommes d'Etat auront bientôt à compter.
Sans doute, l'idée est encore très chimérique d'une fu-
sion de toutes les races en une vaste organisation politique. Mais l'idée de patrie apparaît de moins en moins
comme un concept qui se suffise à lui-même. C'est en
fonction de l'idée d'humanité qu'elle prend un sens et
une valeur, puisqu'une nation ne peut plus prétendre
à l'existence individuelle qu'en acceptant de respecter
un minimum de conventions admises par l'humanité
tout entière et qui sont la garantie de sa propre indé-
pendance. De plus en plus, la belle parole de Fichte :
« Par la patrie, pour l'humanité » exprimera non plus
un idéal, mais ce qu'il y a d'intelligible, de réel et de
durable dans l'idée de patrie.

Mais il y a plus encore ; c'est la politique même qui
semble venir à l'appui de la thèse évolutionniste. Celle
du dernier demi-siècle, tout au moins, n'indique-
t-elle pas que les nations civilisées passent graduelle-
ment de l'anarchie à l'état organique ? Sans doute, ces
vastes groupements en sont restés théoriquement à

l'état anomique, en ce sens qu'il n'existe pas de lois internationales impératives, et qu'une nation peut encore, à son gré, sans aviser personne, grossir ses armements, déclarer la guerre, conquérir les derniers territoires disponibles, décimer et annexer les vaincus. Sans doute encore la raison du plus fort reste, comme entre espèces animales, l'*ultima ratio* des conflits internationaux. Cependant l'idée commune à tous les grands jurisconsultes de façonner la société internationale sur le modèle des sociétés nationales, en une *consociatio juris*, se réalise sous nos yeux. Il existe, ou plutôt il se constitue, par dessus le simple « droit des gens », fondé sur un sentiment problématique d'équité naturelle, un véritable « droit international ». Celui-ci repose d'abord sur les traités bi-latéraux, conclus, pour la plupart, à la suite de guerres, et qui ont été, dans le passé, l'unique forme de l'obligation internationale. Il comprend, en second lieu — fait significatif — des « conventions » qu'on peut appeler « universelles », puisqu'elles obligent la plupart des nations civilisées et restent ouvertes à de nouvelles signatures. Il n'existe actuellement pas moins de huit services internationaux subventionnés par tous les Etats signataires et fondés sur des conventions qui constituent une véritable législation internationale pourvue d'un code, d'une procédure et de sanctions (1).

On pourrait y joindre les conventions relatives à la conduite de la guerre, au traitement des blessés, aux droits des neutres ; les « conférences » universelles ou partielles dans lesquelles certains états civilisés cherchent à établir une entente pour la garantie d'intérêts communs : conférences sanitaires, économiques (question des sucres), politiques même (conférence de Rome contre les menées anarchistes). Citons encore les « délégations » par lesquelles certains Etats se font représenter aux principaux congrès d'initiative privée : congrès médicaux, antialcooliques, etc. N'est-il pas significatif que trois des congrès des Sociétés de la paix. ceux de Budapest (1896) de Paris (1900) et de

---

(1) Ce sont :

A. — A Berne : 1° le Bureau de l'Union postale ; 2° le Bureau des chemins de fer ; 3° le Bureau des administrations télégraphiques ; 4° le Bureau de la propriété industrielle, artistique et littéraire.

B. — A Bruxelles : 1° l'Office contre la traite et la vente des spiritueux et des armes aux indigènes ; 2° le Bureau pour la publication des tarifs douaniers.

C. — A Potsdam : le Bureau de géodésie.

D. — A Paris : le Bureau des poids et mesures.

Rouen (1903) ont été ouverts ou clôturés officiellement au nom de leur Gouvernement par un membre du ministère hongrois ou du ministère français ?

Ces faits nous amènent à dire un mot des essais récents expressément tentés par les Gouvernements en vue d'assurer la paix universelle. Les Amphictyonies de la Grèce antique, la *Pax Romana*, n'avaient pas exercé leur action au-delà des confins du monde « barbare ». La « Paix de l'Eglise » n'arriva pas même à supprimer la guerre entre princes chrétiens. La Révolution inscrivit bien dans la constitution de 1791 : « La nation française renonce à entreprendre aucune guerre dans la vue de faire des conquêtes ». Mais elle dut faire la guerre pour se défendre, et le génie malfaisant de Bonaparte ne tarda pas à changer la défense en agression. La Sainte Alliance, en revanche, fut véritablement un essai d'organisation pacifique ; mais les révolutions démocratiques de 1830 et 1848 disloquèrent ces coalitions de défense monarchique.

Dans les 30 dernières années, l'accord s'est établi par trois fois, entre puissances civilisées, pour jouer à travers le monde un véritable rôle de police internationale ; nous voulons parler du traité de Berlin, de l'émancipation de la Crète et de la répression de la révolte des Boxers. Mais il faut arriver jusqu'à 1898,

2.

jusqu'à la Conférence de la Haye, pour trouver une
tentative à peu près universelle d'organisation pacifique. Pour la première fois des diplomates, délégués
officiellement par la quasi-totalité des Etats civilisés,
se sont réunis, non pour dépecer des territoires, mais
pour faire œuvre de législation. Ils ont non seulement
complété la convention de Genève, mais institué, dans
le plus minutieux détail, une « cour d'arbitrage facultatif ». Sans doute, il a été facile de tourner ce tribunal
en dérision. Tant qu'il est resté inactif, il n'a pas manqué
de prophètes de mauvais augure pour prédire que la
Cour de la Haye n'existerait jamais que sur le papier ;
et, de fait, les puissances signataires n'ont manifesté, à
l'origine, qu'une déférence très réservée à l'égard de la
juridiction qu'elles avaient créée, à demi-contraintes
par l'attente de l'opinion publique. Il eût été plus
équitable, cependant, pour évaluer le chemin parcouru,
de comparer l'accueil fait par les puissances au rescrit
du comte Mouraview avec le succès malheureux de la
proposition analogue formulée par Napoléon III en
1869.

Ne sait-on pas, d'ailleurs, que la pratique de l'arbitrage se glisse de plus en plus dans les relations internationales, aussi bien que dans les conflits entre le
capital et le travail ? On compte au XIXᵉ siècle plus de

170 arbitrages, dont les deux tiers appartiennent aux trente dernières années du siècle. Aucune des décisions arbitrales n'a été contestée par les parties. Quel droit aurait-on de désespérer que l'institution permanente d'un tribunal facultatif d'arbitres pût rendre à l'avenir plus fréquente et plus facile une procédure que les États civilisés s'habituaient déjà à provoquer d'eux-mêmes ? Aussi bien les événements n'ont-ils pas tardé à réaliser les prévisions des esprits réfléchis qui, sans attendre de la Cour de la Haye la solution des conflits graves qui pourraient surgir dans un avenir prochain, estimaient qu'elle ne tarderait pas à intervenir dans le règlement des différends juridiques de moindre importance. C'est ainsi que le tribunal de La Haye a été appelé à juger une contestation financière pendante entre les États-Unis et le Mexique et le règlement litigieux des créances du Vénézuela. Plus récemment, les conventions conclues le 14 octobre, entre la France et la Grande-Bretagne et, le 25 décembre, entre la France et l'Italie ont décidé en principe, pour une période de cinq ans, le renvoi devant la Cour de La Haye des conflits juridiques qui n'engageraient ni l'honneur, ni les intérêts vitaux des parties contractantes. Il convient enfin d'ajouter que de pures difficultés de formes ont empêché, au dernier moment, la conclusion de traités

permanents d'arbitrage entre les Etats-Unis et l'Angleterre et entre l'Italie et la République-Argentine, —
que ce dernier Etat a conclu en 1902 une convention
de désarmement partiel simultané avec le Chili, enfin
que la plupart des Républiques de l'Amérique du Sud
sont liées entre elles par une convention arbitrale permanente.

On pourrait multiplier les faits à l'infini, s'il ne s'agis-
sait ici moins de démontrer une thèse que de préciser
une méthode. Il suffit que le résumé qui précède
mette en un relief suffisant la fécondité incontestable
de la méthode expérimentale mise à profit par l'évolutionnisme social. La courbe tracée par l'histoire ne
peut-elle, en effet, se prolonger idéalement dans l'avenir, et l'étude du passé ne nous contraint-elle pas à
affirmer que, si la paix n'est pas, elle se fait, qu'elle s'or-
ganise d'elle-même, que l'humanité se dégage de
l'anarchie pour se constituer en société juridique ?

* *
* *

Tels sont les enseignements qu'il semble légitime
de tirer des faits, et je ne songe point à en contester
la force démonstrative. J'estime, notamment, que la
propagande pacifique ne saurait abuser des leçons si

instructives de l'histoire et de l'économie politique. Mais est-ce à dire que l'accumulation exacte et ingénieuse des faits suffise à elle seule justifier la foi en l'avenir pacifique de l'humanité ? J'en doute. Le moindre défaut des inductions fondées sur l'histoire est de pouvoir se retourner contre leurs auteurs, et les théoriciens de la « guerre perpétuelle » ne se font pas faute, on le sait, de fonder sur cette même science la démonstration de leur pessimisme social. N'ont-ils pas beau jeu, en s'appuyant à leur tour sur les faits, de montrer que toutes les grandes époques de la civilisation sont nées dans les convulsions de la guerre ; — que les grands législateurs n'ont pu établir le droit que par la paix, et la paix que par la force ; — que les règnes et les peuples pacifiques ont souvent fait piètre figure dans l'histoire du progrès, et que la Chine nous offre le type peu enviable d'une société immobile dans une paix séculaire et dans l'adoration inerte de son passé ? Je n'entreprendrai point de discuter ces arguments ; mais le fait seul qu'ils aient pu être soutenus de bonne foi suffit à prouver que l'histoire se met docilement au service de toutes les thèses, et qu'il est commode aux théoriciens préoccupés de conclusions politiques de transformer ou d'éliminer les faits gênants et contradictoires.

Au reste le mot même d'*histoire* n'est-il pas une abstraction décevante ? Qu'est-ce, en définitive, qu'un fait historique », sinon un fragment de réalité artificiellement découpé dans le passé, et composé lui-même d'un nombre incommensurable d'actes individuels ? Qui peut dire avec exactitude à quel moment commence une bataille ? Est ce au premier coup de fusil ? Aux premiers mouvements des troupes ? Au coup de clairon qui éveille les combattants avant l'aube ? Aux premières dépêches envoyées par le général à ses lieutenants ? Au plan qu'il a tracé sur la carte ? Mais ce plan lui-même est la conséquence nécessaire de l'état physique et mental des troupes de la disposition du terrain, de la sécheresse des routes, de la longueur des jours et des nuits, en un mot de conditions à la fois psychologiques, physiques, cosmiques même ; de sorte qu'il est tout aussi exact d'attribuer le gain ou la perte d'une bataille à la relation de la terre avec l'univers à une heure donnée, qu'au génie d'un Napoléon ou à l'endurance de ses troupes.

Comment définir, d'autre part, le nombre des acteurs qui méritent une mention dans le récit et l'explication du « fait historique » ? Quels ont été les agents véritables de la Révolution française ? Les vices de l'ancien régime, ou les théories des philosophes ? La faiblesse de Louis XVI, l'imprévoyance de ses conseillers, ou l'éloquence d'un Mirabeau, ou l'énergie d'un Danton, ou l'enthousiasme des foules anonymes? Toutes ces causes, sans doute, y ont concouru ; mais dans quelle proportion ont-elles été efficaces ? Qui sait, — on l'a prétendu, — si les acteurs apparents du drame n'ont pas été les instruments inconscients de causes économiques et sociales profondes ? Qui peut, tout au moins, faire la juste part de la volonté des grands manieurs d'hommes, de la complicité demi-passive des comparses, de la collaboration muette du milieu et du moment ?

Aussi bien ces doutes ne sauraient-ils interdire au moraliste et au politique de chercher des enseignements dans le passé, mais à la condition de demander au passé des leçons sur les fautes à éviter, et non des inductions sur ce que l'avenir sera. Le physicien, le chimiste, le biologiste peuvent bien prévoir avec rigueur l'apparition, la durée, l'intensité d'un phénomène, parce qu'ils ont pu manier librement, dans l'expérimentation, d'autres phénomènes très sensiblement identiques à ceux qu'ils prévoient ou provoquent. Mais il n'y a pas, en histoire, d'expérimentation possible. On ne peut promulguer une loi, déclarer une guerre pour voir si les prévisions du savant se réalise-

ront. L'historien ne peut fonder ses inductions que
sur la comparaison de faits lointains, qui échappent à
son observation et à son action. Or toute comparaison historique est artificielle, parce qu'à vrai dire rien
n'est semblable dans le passé. Il ne s'est jamais repro-
duit, au cours des siècles, deux faits, si simples
soient-ils, qui puissent se superposer rigoureusement
comme deux phénomènes de réfraction ou de dilata-
tion. Dans tout fait historique, le particulier domine
et dissimule le général, Ce sont de très imparfaits rap-
prochements qui permettent de comparer Socrate au
Bouddha, le « Siècle » de Louis XIV à ceux d'Auguste
et de Périclès, la Révolution de 1789 à celle d'Angleterre, Sedan à Iéna. Comment donc, d'après ces fra-
giles analogies esquissera-t-on la figure de demain ?
Par exemple, de ce que les guerres religieuses ont dis-
paru, est-on en droit de prédire que les guerres d'idées
ont pris fin ou que les guerres économiques disparaîtront
un jour ? Les grands armements écrasent certaines nations modernes : mais comment calculer exactement
la limite de résistance de ces nations, si l'on tient
compte de facteurs qu'aucune arithmétique ne peut
évaluer, patriotisme, sobriété, esprit d'initiative et de
découverte. « Une nation ruinée, dit M. Bergeret, peut
vivre cinq cents ans d'exactions et de rapines, et com-

ment supputer ce que la misère d'un grand peuple
fournit de canons, de fusils, de mauvais pain, de
mauvais souliers, de paille et d'avoine à ses défen-
seurs ? » (1),

Au reste l'argument que tirent si volontiers les paci-
fistes des charges de la paix armée et du coût probable
d'une grande guerre européenne, est une lame à deux
tranchants, car ces charges mêmes peuvent devenir,
selon les idées dominantes du moment, cause de guerre
ou garantie de paix. Résignons-nous, disent les uns,
à la paix armée qui nous appauvrit, si elle nous garantit de la guerre qui achèverait notre ruine. —
Hâtons-nous, répliquent les autres, de provoquer une
crise libératrice ; mieux vaut le risque d'une guerre qui
peut être heureuse, que la certitude de l'épuisement
graduel et l'énervement stérile de l'attente !

Mais voici une critique plus directe. Comment, en
bonne méthode, l'évolutionniste peut-il espérer que
la concurrence vitale s'éliminera d'elle-même, au
terme d'un développement dont elle a été le fac-
teur essentiel ? A quoi Spencer répond, sans doute,
que les éléments perturbateurs seuls seront spontanément supprimés par l'action du nouveau mi-

(1) A. France, *Le Mannequin d'osier*, p. 32.

lieu social, et que la concurrence se déploiera en paix, sous forme de libre émulation industrielle, commerciale, scientifique. Mais cette forme de la concurrence n'est encore guère rassurante. Qui peut garantir que l'inégale répartition des richesses ne demeurera pas, dans un avenir indéfini, l'occasion de luttes violentes entre les pays de surproduction et les peuples pauvres, arriérés ou vieillis ? Un mineur du sud de la France n'arrive à extraire que 170 tonnes de houille par an, tandis que le mineur d'Ecosse extrait plus du double dans le même temps ; or, malgré cette disproportion, le mineur américain arrive à disputer notre marché au mineur écossais. Est-il évitable que la tentation vienne au premier de fermer au second les portes de son pays, et au troisième, celle de les forcer ?

Certaines écoles socialistes, il est vrai, reprenant à leur compte l'idée d'une nécessaire évolution des sociétés humaines, reconnaissent que la guerre est inséparable d'un état social fondé sur la concurrence économique, et tirent parti de cette objection pour conclure que la question de la paix universelle se résoudra le même jour que la question sociale, — jour lointain où une commission de représentants de l'humanité tout entière réglera d'autorité la production et la répartition des richesses du globe. Les théoriciens de ces écoles n'ont pas de

peine à montrer que, sous nos yeux, certains phénomènes économiques, tels que les grands *trusts* d'Amérique, semblent s'acheminer tout droit vers cette solution. Mais ces transformations, qui sont encore des
formes de la concurrence, conduiront-elles à la paix ?
Elles détruisent, sans doute, la concurrence entre les
entreprises moins étendues, mais c'est en les tuant. Et
qui nous garantit que les démocraties de l'avenir, si
elles se substituent d'emblée aux organisateurs de ces
syndicats fantastiques, se montreront humaines envers
les races plus faibles ou moins favorisées par le sol et
le climat ? L'exemple des Etats-Unis, renonçant à leur
politique traditionnelle de paix, mettant la main sur
les Philippines sous prétexte d'affranchir Cuba, impo-
sant à celle-ci une Constitution profitable à leurs propres
intérêts, appuyant de leurs canons l'insurrection de
Panama, cet exemple n'est-il pas singulièrement sug-
gestif et menaçant ? Comment, en définitive, de la
puissance, source habituelle de la violence, de la
richesse et de la corruption, découleront jamais la
paix et la justice, si ceux qui les détiennent ne sont pas,
plus que de nos jours, des pacifiques et des justes ?

*
* *

Ainsi, un doute radical plane sur l'avenir de l'évolution pacifique de l'humanité. L'histoire, avec des motifs d'espérance, nous fournit des cas inquiétants de retour à la barbarie. L'expérience d'hier ne décide pas ce que sera demain, et, par suite, ne fournit aucune règle à notre action.

Et cependant, la nécessité d'agir nous presse. Il nous faut, talonnés par les problèmes pratiques que nul ne peut éluder, savoir si nous consentirons à l'inertie, à l'injustice, à la guerre perpétuelle, ou si nous voudrons l'effort, l'équité et la paix. Et la réponse que ne peut nous fournir la considération du *fait*, nous la demanderons à la philosophie du *droit*. Le problème : « Que deviendrons-nous ? » se subordonne ainsi à celui-ci : « Que voulons-nous faire ? », qui dépend de cet autre : « Qu'est-il juste que nous voulions ? »

Mais, sur ce terrain proprement philosophique, nous rencontrons encore des difficultés et des objections. Il s'est trouvé une école, et, qui plus est, une école idéaliste, pour contester cette distinction du fait et du droit et affirmer que l'évolution historique n'est autre que la réalisation logique de l'esprit dans les choses, et qu'ainsi la raison ne saurait concevoir un ordre moral de l'univers autre que celui qui s'est déroulé à travers les siècles. On a reconnu la conception hégélienne de

la philosophie de l'histoire qu'il importe de résumer
brièvement ici (1).

D'après Hegel, l'État est la plus haute réalisation de
l'idée de liberté, que la famille et la société civile réa-
lisent à un moindre degré ; car c'est la contrainte de
l'État qui met l'individu, qu'il le veuille ou non, en
possession de ses droits. Pour assurer la p'us entière
liberté des individus, il importe que l'État soit souve-
rain ; et cette souveraineté ne connaît pas plus de limites au dehors qu'au dedans, car s'il abdiquait devant
une force extérieure, l'État remettrait en question
toutes les franchises intérieures. Ainsi les États se
dressent les uns en face des autres comme autant de
personnes absolues, et la guerre naît de cet antago-
nisme inévitable.

Nécessaire, continue Hegel, la guerre est doublement
morale. Elle l'est par ses effets internes, car elle arrache
les caractères à l'habitude déprimante de la sécurité et du
confort ; elle apporte à l'homme civilisé une utile expérience de la fragilité, et, par suite, du prix inestimable
des biens qu'il est menacé de perdre ; enfin elle resserre,

---

(1) Cf. HEGEL, *Werke,* édition complète, Berlin 1832 et
suiv., principalement : *Philos. des Rechts* (t. VIII, §§ 321 et
suiv.) et *Philos. der geschichte* (t. IX).

en face du danger commun, le lien civique et l'autorité du pouvoir central.

Elle est morale, aussi, et bienfaisante par ses effets mêmes sur la vie internationale. C'est elle, en définitive, qui fonde la paix des traités, et la suprématie qu'elle assure aux vainqueurs n'exprime pas un accidentel succès de la force. Puisque l'histoire exprime nécessairement la réalisation de l'esprit dans le monde, la victoire met en état de remplir sa mission civilisatrice la nation la plus apte, par sa force et sa vertu, à accomplir les destinées de l'univers. De là le rôle, dans l'histoire, des « peuples historiques », Hébreux, Grecs, Romains, etc., et des « hommes historiques », des grands conducteurs d'hommes, Alexandre, César, Luther, Napoléon. De ces « héros » de l'humanité, il est vain de se demander, avec les pédants d'école (*Schulmeister*), s'ils ont été moraux, justes et compatissants, ni s'ils ont été heureux : en fait leur destinée a presque toujours été tragique. Qu'importe ! Ils ont été les grands metteurs en scène du drame historique, dans lequel le heurt des passions et des intérêts se résout toujours au profit de la plus grande liberté. Ainsi les guerres et les révolutions des Empires répondent à la finalité mystérieuse qui conduit l'humanité et la nature entière vers le triomphe final de l'esprit. Il est vain, dès lors, de se

demander si la guerre est bonne en droit. Le droit et
le fait coïncident dans le développement d'un univers
mû par la poussée interne de l'idée.

Telle est, dans ses grandes lignes, la conception
hégélienne du rôle moral de la guerre dans l'histoire.
On n'attend pas que j'apporte ici de cette théorie une
critique en règle qui impliquerait un examen des principes métaphysiques de tout le système. Mais il suffit,
pour en montrer la faiblesse, de remarquer que Hegel
n'a pas été conséquent avec son propre système et qu'il
est contradictoire d'admettre comme nécessaire entre
États la guerre que ces États doivent supprimer entre
familles et entre individus. Pourquoi ériger en absolu,
en entité sociale, l'État qui n'est qu'un groupement de
groupes, plus artificiel, souvent plus variable dans sa
forme, dans son étendue, dans sa durée que les groupements naturels qui le composent? Qui ne voit que la
logique du système de Hegel le conduisait précisément
à concevoir, au-dessus de l'État, la seule puissance
juridique qui puisse prétendre à quelque caractère de
souveraineté absolue, puisqu'elle ne connaîtrait plus
d'antagonistes autour d'elle, l'humanité tout entière
organisée en société de droit?

Quant aux arguments de Hegel sur les bienfaits in-
térieurs de la guerre, ils me paraîtraient autrement

convaincants, — s'ils ne portaient à faux. Certes,
l'historien, d'accord sur ce point avec le moraliste, peut
nous prouver par les faits qu'un grave péril national a
souvent suscité de mâles courages et de bienfaisantes
réconciliations entre les citoyens divisés. Mais nous
avons précisément montré plus haut que les faits ne
suffisent à rien prouver en l'espèce puisqu'on peut toujours leur opposer d'innombrables faits contraires : la
trahison, la débâcle devant l'ennemi, l'inutile cruauté
du vainqueur, les féroces représailles des vaincus. Mais,
fût-il même établi qu'en fait la guerre engendre plus
de vertus que de vices, qu'elle élève le niveau moral
des combattants, au lieu de les ramener à la mentalité
des sauvages, en quoi, je le demande, la légitimité morale de la guerre en apparaîtrait-elle mieux fondée ?
Qui donc a jamais osé déclarer bons l'incendie et l'inon-
dation parce qu'ils suscitent l'héroïsme des sauveteurs ?
Quel homme d'Etat oserait infecter de bacilles les
sources et les rivières, ou détruire les moissons, pour
ouvrir un champ plus vaste à l'activité des médecins,
des garde-malades, à la charité des riches, à l'abnéga-
tion de tous les altruismes ? Par quel monstrueux privilège la guerre serait-elle, de toutes les formes du mal,
la seule qu'il serait vain ou sacrilège de combattre par

égard pour les bienfaits accidentels qui. parfois, en atténuent ou en font oublier l'horreur ?

∴

Qu'importe, au reste, la moralité des conséquences, si le principe même de la guerre est immoral ? Et c'est bien là, au bout du compte, le nœud du problème. On ne fonde rien sur l'absurde, on ne justifie rien par ce qui est injuste radicalement. Or la guerre est l'absurdité même et la souveraine injustice.

Elle est absurde, car elle est l'abdication de l'esprit même en face de la force ; elle suppose un consentement tacite à fonder un droit sur une éventualité dont la détermination échappe à toute prévision rationnelle, à toute estimation morale ; elle est absurde parce qu'elle n'établit aucun rapport de raison entre l'effort et le succès. Que penserait-on d'un homme qui tirerait à pile ou face pour résoudre un cas de conscience ou choisir une carrière ? Il n'y a guère moins d'absurdité à attendre des hasards du combat l'établissement ou la réparation du droit. L'histoire n'est qu'une longue chronique des bonnes causes perdues au tribunal de Mars, un martyrologe des nations écrasées uniquement parce qu'elles étaient moins nombreuses, moins exer-

cées à la guerre, moins bien équipées, ou simplement
parce que l'adversaire avait eu pour alliées la famine,
la peste ou la tempête. Trop d'exemples récents se sont
déroulés sous les yeux de notre génération pour qu'il .
soit besoin d'en citer un seul.

Et quand bien même un prodigieux hasard aurait .
toujours incliné le sort des batailles au profit des
justes causes, notre protestation contre l'injustice de
la guerre resterait fondée en raison. Nous protesterions
contre toute revanche sanglante, dût-elle rendre l'Al-
sace-Lorraine maîtresse de ses destinées. Absurde, en
effet, la guerre est toujours injuste, si nous définissons
le droit, non la consécration écrite des accidents de
l'histoire, mais la règle mutuelle, librement consentie
par ceux qu'elle oblige en vue des besoins de la vie
commune. Quelles que soit d'ailleurs leurs conceptions
morales ou religieuses, les hommes veulent que le *juste*
ne soit pas seulement le *légal*, mais aussi le *bien* ; ils
tendent à identifier la sphère des droits et celle des
devoirs, à amender la loi sur le modèle de l'impératif
moral. Or, la guerre peut bien fonder un état légal,
mais non un état juste, puisqu'elle exclut du pacte social la liberté de l'une des parties, et qu'elle impose à
l'activité du vaincu d'autres fins que celles qu'il tient,
et qu'il recherche à tort ou à raison, pour les meilleures.

Et de fait, les vainqueurs seuls proclament la justice
du Dieu des combats : les vaincus n'ont pas coutume de
chanter : *Te Deum laudamus...* !

A cette conception d'un droit fondé sur la liberté et
la raison, on objectera peut-être que l'existence des
sociétés ne saurait se réduire à des termes purement
rationnels, et que la concurrence vitale est au nombre de
ces facteurs, à la fois naturels et mystérieux, qui favo-
risent l'éclosion laborieuse de l'état juridique entre individus et entre nations. Il n'est que trop vrai. L'idéaliste ne saurait oublier le contraste brutal de la réalité
et de ses propres conceptions. « Le temps ne consacre
que les œuvres où il a eu sa part ». Ce mot du tragique
grec, repris par un homme d'Etat français dans une
circonstance mémorable (1), exprime avec force les
concessions que l'homme d'action est tenu de faire à
la tradition. On ne réforme un état social qu'en s'appuyant sur cet état même. On ne fondera un droit
de la paix qu'en renonçant à l'utopie de tracer d'emblée une carte politique du monde dont le dessin
réparerait toutes les injustices et désarmerait toutes les
tyrannies. Mais autre chose est de subir les nécessités

(1) M. Combes, au banquet franco-anglais du 26 novembre
1903.

réelles de la nature, autre chose de renoncer à insérer dans
cette nature, qui n'est pas entièrement rigide et rebelle
à notre action, l'action de notre libre effort. Ce n'est
pas le lieu de refaire ici l'examen du problème de la
liberté. Mais, que la liberté soit un pouvoir de commen-
cement absolu, ou simplement la détermination intérieure des actes individuels par des motifs réfléchis, elle
ne s'en oppose pas moins de quelque façon à la causa-
lité naturelle, inconsciente, extérieure et mécanique.
C'est précisément dans la mesure où les événements
humains sont régis non seulement par des influences
cosmiques, mais par des passions, des idées et des
volitions individuelles, qu'ils constituent, suivant l'ex-
pression de Michelet, « l'histoire progressive de la
liberté ». Car dans la passion même tressaille une spon-
tanéité étrangère à l'ordre mécanique, source de con-
tingence et de création.

Libre donc à une philosophie paresseuse de proclamer
l'éternité, voire la légitimité de la guerre, sous prétexte
qu'elle rentre dans l' « ordre de la nature ». C'est au
contraire dans l'émancipation de la loi de nature, par
les victoires de la liberté sur le mécanisme, du cons-
cient sur l'inconscient, que la raison aperçoit la méthode
de son véritable développement. Pour elle, il n'y a pas,
à proprement parler, de « droit naturel » ; il n'y a de

droits que ceux qui sont intelligibles, discutés et con-
sentis ; et la guerre, justement parce qu'elle n'est que
« naturelle », parce qu'elle supprime le consentement et
la discussion, ne peut fonder aucun droit. Seules, des
personnes morales, — qu'elles soient d'ailleurs des individus ou des collectivités, — sont autorisées à signer
des contrats et à fonder des sociétés. Voilà pourquoi ce
que Kant (1) appelait « la constitution d'une société civile
administrant le droit universellement », est la fin

(1) Kant avait admirablement discerné ce caractère foncière-
ment rationnel et volontaire de la croyance à la paix universelle.
Non pas qu'il ne crût à une sorte de complicité de la nature avec
les fins morales de l'humanité. Il a même devancé ses contemporains dans l'affirmation formelle de la croyance au progrès. A
travers les luttes confuses des individus et des races, il aperçoit
un « dessein de la nature » qui tend à réaliser un ordre meilleur.
Les discordes mêmes de l'état de nature lui apparaissent comme
le stimulant indispensable qui a poussé l'homme hors de la barbarie et lui a fait chercher la liberté par le droit. Mais il a toujours maintenu le caractère purement intelligible de l'idéal pacifique. La « paix perpétuelle » est, pour lui, une *idée* au sens
rigoureusement kantien du terme, c'est-à-dire un concept forgé
à priori et dont la valeur reste indépendante de toute adéquation
expérimentale. Il a pu dire en ce sens que cette idée est irréali·
sable (*unausführbar*), qu'elle est seulement un « principe régula-
teur », une maxime d'action : « La raison moralement pratique
nous adresse ce veto sans appel : il ne doit point y avoir de
guerre ». Cf. *Projet de paix perpétuelle ; Idée d'une histoire universelle de la nature ; Doctrine du Droit, etc.*

suprême que doivent se proposer toutes les volontés
bonnes. Il se peut que l'évolution historique se prête
complaisamment à l'élaboration de l'idéal pacifique. Mais
il serait aussi arbitraire de penser qu'elle pousse la com-
plaisance jusqu'à se passer de notre effort que de l'y
croire invinciblement rebelle. Tout grand progrès est à
la fois effet de causes mécaniques et œuvre d'invention
et de liberté. L'histoire, si elle est incomplète quand on
n'y voit que des actes voulus, devient inintelligible dès
qu'on les supprime. La paix est donc à la fois une
conclusion nécessaire du passé et un idéal qu'on doit
faire descendre, degré par degré, sur la terre. Telle est
la vérité dont il faut nous convaincre nous-mêmes et
convaincre autrui. Croire au progrès est bien ; mais
combien il serait vain d'espérer en la paix à venir sans
vouloir de toutes ses forces le droit qui la fonde et la
justifie !

FIN

Association de la Paix par le Droit

Siège social : Hôtel des Sociétés savantes, 28, Rue Serpente, PARIS

Bureaux : Rue Monjardin, 10, à Nîmes.

Président d'Honneur : **Frédéric PASSY**

PROGRAMME : Substitution de l'arbitrage à la guerre dans les relations internationales

Organe : **LA PAIX PAR LE DROIT**

Revue Mensuelle

(France 2 fr. 50 ; — Etranger 3 fr. 25 par an)

Autres publications : **L'Almanach de la Paix** (0 fr. 20)

Appel-Programme (gratuit).

Cotisations : Membres à vie **50 fr.** définitivement donnés.
Membres actifs : minimum de **4 fr.** par an.
Membres adhérents : cotisation annuelle quelconque

L'EUROPEEN

Courrier International Hebdomadaire, 24, Rue Dauphine. Paris (6e)

COMITÉ DE DIRECTION : **Björnstjerne Björnson, J. Novicow**
Nicolas Salmeron, Charles Seignobos

Rédacteur en chef : LOUIS DUMUR

Un numéro : France, **25** centimes ; Union, **30** centimes.
Abonnement : France, un an, **12 fr.** ; six mois, **7 fr.** ; trois mois, **3 fr. 50**
Union, un an, **15 fr.** ; six mois, **8 fr.** ; trois mois, **4 fr.**

LA REVUE DE LA PAIX

Organe de la Société française pour l'Arbitrage entre Nations

SIÈGE SOCIAL : 16, Rue de la Sorbonne
DÉPÔT GÉNÉRAL : **Marchal** et **Billard**, 27, Place Dauphine, PARIS

Secrétaire de la Rédaction :
M. J. GAILLARD, 16, Rue de la Sorbonne

Abonnement annuel, partant du 1er janvier : France, **5 fr.**
Etranger, **6 fr. 50.** — Un no, **75** centimes.

SAINT-AMAND, CHER. — IMPRIMERIE BUSSIÈRE

www.ingramcontent.com/pod-product-compliance
Lightning Source LLC
LaVergne TN
LVHW022207080426
835511LV00008B/1615